Simplemente Ciencia

Energía

Steve Way y Gerry Bailey

Ilustraciones: Steve Boulter y Xact Studio

Gráficos: Karen Radford

everest

Energía

Contenidos

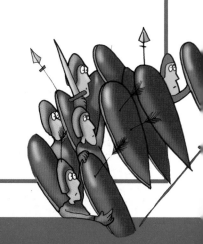

¿Qué es la energía?

¡La energía nos ayuda a hacer las cosas!

¿Por qué necesitamos energía? ¡Para hacer cosas! ¡No habrás necesitado mucha para abrir este libro, pero ALGO sí!

En este momento tus ojos gastan energía para ver las palabras que lees ¡y tu cerebro gasta energía para entender lo que dicen! Si has encendido una luz para ver mejor, también estás usando energía eléctrica.

Quizá te encuentres en una habitación caldeada, ¡también estás usando energía térmica! Si hasta para leer un libro se precisa energía de tantas clases… ¡debemos de necesitarla para todo!

La energía nos permite hacer cosas o puede almacenarse para hacerlas más adelante.

Hace falta energía para crear calor.

¿Qué es la potencia?

La potencia es una magnitud que nos dice cuánta energía gastamos en cada momento. Se necesita más potencia muscular para subir una cuesta corriendo que andando. ¡Puf!

Hay muchos tipos de energía. Descúbrelos en este libro.

Aplicar y obtener

Hay muchos tipos de energía y de potencia,
y pueden usarse de muchas formas.
¡Fíjate en todos los tipos de energía
que encontrarás en este libro!

1. energía **humana**.

3. energía **eólica**.

4. energía **hidráulica**.

2. energía **animal**.

5. energía **mareomotiz**.

6. energía **solar**.

7. energía **térmica**.

8. energía **del giro**.

9. energía **magnética**.

10. energía **eléctrica**.

11. energía **nuclear**.

Energía humana

Los humanos necesitamos energía para movernos, sentir, pensar y mantenernos sanos. Nosotros la obtenemos de los alimentos.

¡Y sorprende que la obtengamos "quemando" esos alimentos en nuestras células! Gracias a ella nuestro corazón late, nuestros pulmones respiran, nuestro cerebro funciona ¡y nuestro cuerpo crece y está sano! También nuestros músculos echan mano de ella cuando nos movemos.

Alimentos energéticos

Gran parte de esta energía alimentaria proviene de sustancias químicas llamadas hidratos de carbono, contenidos en alimentos como el arroz, la pasta, los cereales o el pan. Y también proviene de otras sustancias llamadas grasas, que encontramos, por ejemplo, en el queso, la nata o la mantequilla.

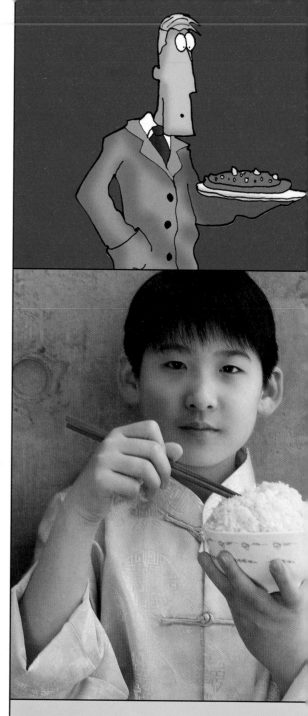

Potencia muscular

Nuestros cuerpos necesitan energía para moverse. Tenemos dos tipos de músculos: los que nos ayudan en las actividades "rápidas" como el atletismo, y los que permiten mantener una actividad continuada durante más tiempo (correr una maratón, por ejemplo).

Para empujar un peso se precisa la acción muscular "lenta".

¿Rápido o lento?

Todos tenemos una mezcla distinta de estos músculos, por eso algunos son buenos velocistas y a otros se les dan mejor las maratones. Muy pocos hacen bien ambas cosas: ¡a un ADN velocista, la maratón le resulta interminable!

Para esprintar se precisa la acción muscular "rápida".

Energía animal

A lo largo de la historia, e incluso hoy, la fuerza de los animales ha facilitado el trabajo de los humanos.

Los caballos y los bueyes ayudan a los granjeros a arar los campos para que los últimos puedan plantar sus cosechas.

Los camellos y los elefantes se usan en muchas partes del mundo para transportar a la gente y sus posesiones.

¿LO SABÍAS?
A veces la gente quema los excrementos secos de los animales para calentarse. Animales, ¡gracias por darnos vuestra energía!

1. La hoja crece gracias a las sustancias químicas del suelo y la energía del sol.

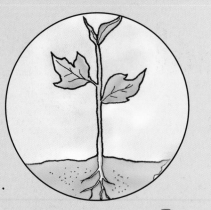

6. El suelo se enriquece con los excrementos del ave y con la propia ave, cuando muere.

La cadena alimentaria

Las plantas y los animales transmiten la energía de sus tejidos a lo largo de la "cadena alimentaria". Las plantas proveen de alimento a los animales al tiempo que absorben su alimento del suelo. Los excrementos y los organismos en descomposición sirven para enriquecer la tierra.

Los animales llamados depredadores comen otros tipos de animales llamados presas. Es decir, tanto plantas como animales dependen unos de otros para sobrevivir.

2. La mosca se come la hoja podrida.

5. El águila se come la serpiente.

4. La serpiente se come la rana.

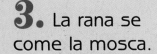

3. La rana se come la mosca.

Viento que muele maíz

2. Es probable que los molineros primitivos giraran las muelas de sus molinos mediante la fuerza del agua. Pero, si el río se secaba, debían buscar otra fuente de energía.

3. La tracción del caballo era útil pero, con el tiempo, el animal podía quedarse sin energías.

1. Las muelas servían para reducir el maíz a polvo. Eran muy pesadas y costaba mucho moverlas.

4. Los molineros necesitaban una fuente de energía que no se secara ni se cansara. Sabían que el viento movía los barcos, ¿podría mover también sus molinos?

5. Así que sujetaron grandes velas al exterior del molino. Cuando las velas giraban con el viento, transmitían el giro al eje central y este, a su vez, giraba las muelas, que daban vueltas y más vueltas hasta reducir a polvo los granos de trigo.

Energía eólica

El molino es un edificio que aprovecha la energía eólica para crear otro tipo de energía: la cinética.

El molino tiene velas que el viento gira. Los primeros molinos sirvieron quizá para girar grandes ruedas de piedra. Hoy seguimos valiéndonos de la energía eólica, pero para generar energía eléctrica.

Haz tu propio molino y gira las velas soplando.

Energía hidráulica

La mejor fuente para obtener energía hidráulica es el agua que corre por los ríos, los rápidos o las cascadas. Esta energía se llama también cinética, ya que se debe al movimiento. Sirve para alimentar máquinas.

La rueda hidráulica solo gira con la fuerza del agua. Si el río se seca, no hay quien la mueva.

La rueda hidráulica

Esta rueda se inventó hace más de 2 000 años. Cuando el agua circula, empuja las palas de la rueda. Cada pala tiene forma de cubo poco hondo: recoge agua cuando la rueda sube y la tira cuando baja. La fuerza del agua en movimiento mantiene el giro de la rueda.

La rueda hidráulica suele montarse al lado de un molino y conectarse por medio de un eje a la maquinaria interior. La rueda mueve el eje y este, a su vez, alimenta la maquinaria.

• La rueda hidráulica de empuje inferior está un poco sumergida en la corriente.

• La rueda hidráulica de empuje superior recibe el agua que cae desde arriba.

Energía mareomotriz

¡Es sorprendente que la única razón de que haya olas y mareas sea la Luna!

Como la Luna es tan grande y está tan cerca de nosotros, su gravedad es capaz de atraer los mares terrestres. Cuando la Tierra gira, los mares que están frente a la Luna se elevan. Cuando gira más, esos mismos mares bajan de nuevo. ¡La gravedad lunar es, por tanto, un poderoso tipo de energía!

Convertir la fuerza de las olas en energía

Si alguna vez te ha derribado una ola grande, ya sabes la fuerza que tienen. Como la energía eléctrica es tan necesaria, los científicos estudia diversas formas de obtenerla transformando la fuerza de las olas en electricidad.

Pontones

Una idea es dejar que floten pontones sobre las olas. Como los pontones saltarían, ese movimiento podría transformarse en energía eléctrica. Aún no se usan mucho. Uno de sus problemas es que afectan a los pájaros que viven cerca del mar. Además, el agua salada oxida rápidamente los objetos.

Presas flotantes

Otra idea es hacer un pantano en la costa, o incluso muchas presas flotantes que se llenarían al subir la marea.

el agua entra

Cuando la marea baja, el agua pasa por una máquina llamada generador, que fabrica electricidad.

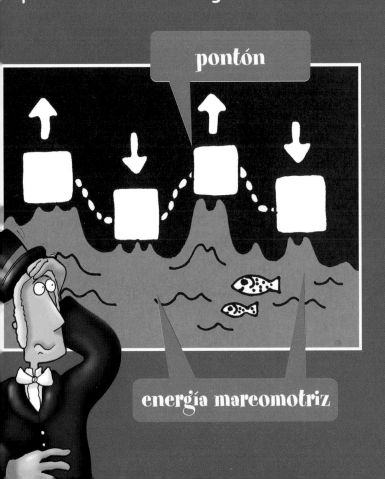

pontón

energía mareomotriz

el agua sale

Energía solar

Parece increíble, pero, ¡todo lo que es cálido, tú incluido, cede al mundo que lo rodea un tipo de energía que recibe el pomposo nombre de *radiación electromagnética*! ¡Guau!

Esta energía se desplaza en forma de ondas. Por desgracia no podemos ver la que nosotros emitimos, salvo con unas gafas especiales. Ello se debe a que nuestros ojos no ven esa clase de ondas. Pero el Sol está tan caliente que produce una radiación electromagnética que podemos VER y SENTIR: las ondas luminosas.

¿LO SABÍAS?
El agua hierve a 100 C. ¡La temperatura del núcleo solar es de unos 15 millones de grados centígrados!

¡El dador de vida!

La energía luminosa del Sol colabora en el mantenimiento c la vida terrestre. Da a las planta la fuerza necesaria para crecer y hasta estimula nuestra piel para que fabrique vitamina D, que fortalece los huesos.

El uso de la energía solar

Hoy día podemos aprovechar la luz del Sol por medio de los paneles solares. Estos se fijan al tejado del edificio, como en el de abajo, para que capten la energía necesaria para calentar la casa. Los paneles son de color negro porque los colores oscuros absorben más energía luminosa que los claros. Por los paneles pasan tubos de agua que se calienta y conduce el calor al interior de la casa.

Energía del fuego

El horno es un contenedor ignífugo en el que se quema combustible para generar calor.

Seguramente, los hornos primitivos fueron hogares de forma circular excavados en el suelo. El carbón vegetal fue uno de los primeros y más populares combustibles.

Me dedico a forjar hierro para hacer herramientas y armaduras.

Energía para hacer una armadura

1. Antaño la gente obtenía hierro calentando la mena de hierro que extraían del terreno. Pero debían calentarla a gran temperatura para destruir los demás metales y dejar solo el hierro.

2. Los hornos primitivos eran pequeños y gastaban mucho carbón. El trabajador avivaba el fuego para obtener el calor necesario.

Combustión

La combustión tiene lugar cuando se prende fuego a un material, como el carbón o la madera, y solo se produce en presencia de oxígeno.
Con la combustión se obtienen calor, luz y un producto de desecho: ceniza.

3. Una vez que el hierro se fundía, era necesario mantenerlo caliente para que siguiera siendo maleable y se pudiera forjar. Había que añadir más carbón y avivar las llamas aún más.

4. Como el fuego necesita oxígeno, el propietario del horno pensó que ardería mejor si le proporcionaba más aire.

5. E inventó un instrumento para lanzar aire en dirección al fuego: el fuelle. Hoy día se sigue utilizando.

Energía del giro

La catapulta es una máquina de guerra que servía para lanzar rocas.

Quienes la inventaron fueron los griegos, pero se usó hasta el siglo XV para derribar los muros de los castillos enemigos.

Una catapulta para conquistar un castillo

1. Antaño los castillos eran tanto el refugio de los aldeanos como el hogar de los nobles y sus soldados. Si el castillo sufría un ataque, los arqueros disparaban desde los muros, así que el ejército enemigo debía derribar esas paredes.

2. Las flechas no servían, porque eran demasiado ligeras.

Energía de la torsión

La catapulta utiliza la fuerza de torsión. Se retuerce una cuerda para que, una vez que se suelte, se desenrolle. Cuando la cuerda se estira, libera el brazo de la catapulta y la carga sale disparada.

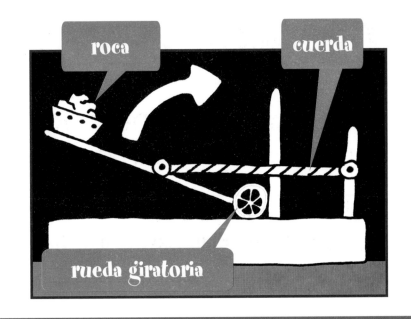

roca

cuerda

rueda giratoria

3. Hacía falta un arma que disparara algo pesado sobre las cabezas de los arqueros y llegara al castillo.

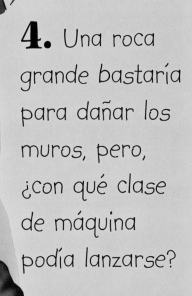

4. Una roca grande bastaría para dañar los muros, pero, ¿con qué clase de máquina podía lanzarse?

5. La respuesta llegó con la catapulta. Se enrollaba una cuerda en un palo para aprovechar la "energía de la torsión". Al desenrollarse, esa cuerda generaba la fuerza necesaria para lanzar grandes rocas.

23

Energía eléctrica

La pila es un dispositivo de almacenamiento que transforma la energía química en energía eléctrica.

La pila fue inventada por un hombre llamado Alessandro Volta, quien se la enseñó al mismísimo Napoleón, el emperador francés.

¡Hágase la luz!

Un almacén de energía eléctrica

1. La electricidad es un tipo de energía que se encuentra por todas partes, pero la vemos mejor en la fuerza que originan los relámpagos.

3. Había visto, por ejemplo, a gente que no tenía madera ni carbón para quemar. La electricidad podría ser una fuente de energía para que se calentaran.

2. Alessandro Volta sabía que la electricidad era una fuente de luz y de calor, y quería inventar un modo de almacenarla.

La pila

La pila moderna consta de varias capas de sustancias químicas introducidas en un contenedor de metal.
Cuando la pila empieza a trabajar, algunas de esas sustancias "se comen" el metal del contenedor.
Esos cambios en el contenedor generan la corriente eléctrica.

Pila moderna de forma cilíndrica.

4. Frotando dos piedras era fácil hacer chispitas eléctricas, pero la corriente eléctrica debía circular como el agua de un río.

5. Volta decidió explorar la energía de las sustancias químicas. Este tipo de energía se consigue mezclando metales y otras sustancias. Él sumergió cinc y cobre en agua salada.

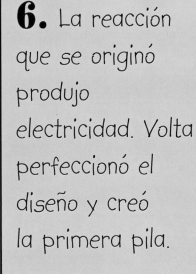

6. La reacción que se originó produjo electricidad. Volta perfeccionó el diseño y creó la primera pila.

Energía para alimentar un motor

1. A Michael Faraday le fascinaba la electricidad, pero también le interesaba el magnetismo: el poder de ciertos metales de atraerse entre sí.

2. Michael procedía de una familia pobre y no fue al colegio, pero eso no le impidió aprender todo lo que pudo.

3. Cuanto más aprendía, más convencido estaba de que el magnetismo y la electricidad estaban relacionados.

5. Usó su descubrimiento para mantener el giro de un disco o una barra. Y la corriente generada sirvió para alimentar el primer motor eléctrico.

4. Hizo girar un trozo de cobre recubierto con alambre entre los polos de un imán y descubrió que se originaba una corriente eléctrica.

6. Gracias a su descubrimiento, se empezó a mirar la electricidad con otros ojos, porque con él creó un generador que producía un flujo continuo de electricidad para las máquinas.

Energía magnética

El imán es una barra metálica con dos extremos: los polos.
Un extremo es el polo norte y el otro, el polo sur. El imán tiene fuerza para repeler o atraer muchos otros metales.

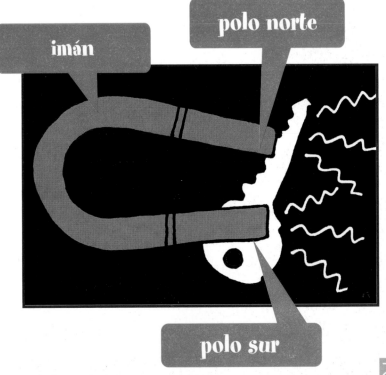

imán

polo norte

polo sur

Energía nuclear

Todo lo que existe en nuestro planeta, hasta el aire, está compuesto por partículas diminutas llamadas átomos. Los átomos son tan pequeños que solo pueden verse con microscopios muy potentes; y aun así, solo se ven los mayores.

Explotando el átomo

En el centro de cada átomo se encuentra el núcleo. Y en el núcleo hay partículas aún menores llamadas neutrones.

Cuando un neutrón choca con un átomo de uranio, por ejemplo, lo hace añicos, y eso desata UN MONTÓN de energía. El uranio es radiactivo.

Cuando se libera energía rompiendo un átomo de uranio o de plutonio, se provoca una explosión nuclear muy poderosa ¡y peligrosa!

neutrón

El núcleo se compone de protones y de neutrones

La energía nuclear se genera en las centrales nucleares. Aunque estas centrales producen gran cantidad de energía, entrañan riesgos y sus residuos son muy peligrosos.

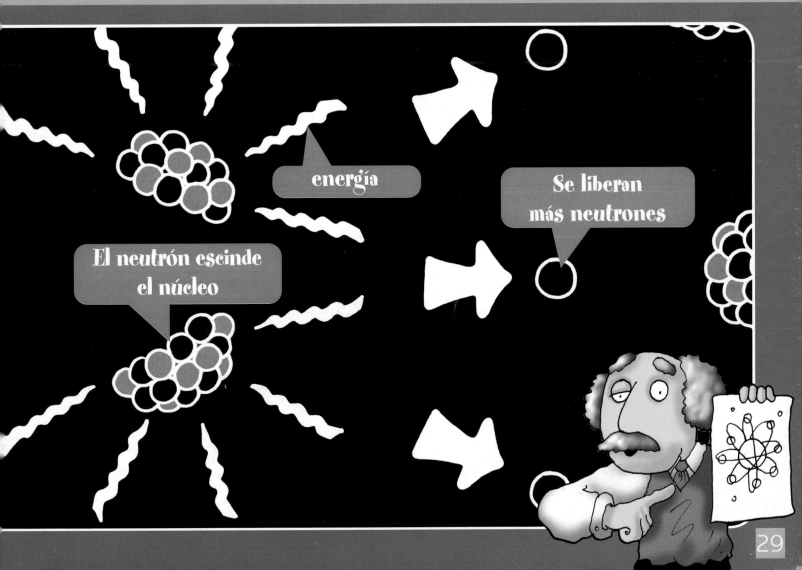

Prueba energética

1. ¿Qué gas se necesita para que haya combustión?

---

2. ¿Quién inventó un generador de electricidad basado en el magnetismo?

---

3. ¿Qué inventó Alessandro Volta?

---

4. ¿Cuándo se inventó la rueda hidráulica?

---

5. ¿Qué vitamina beneficiosa para los huesos nos ayuda a fabricar el sol?

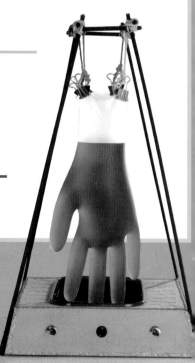

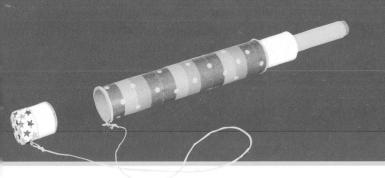
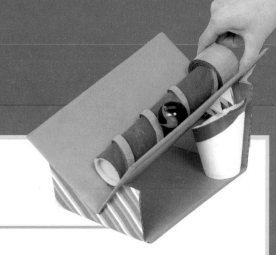

6. ¿Qué provoca las mareas?

_____

7. ¿Qué necesitan los humanos para obtener energía?

_____

8. ¿Quién inventó la catapulta basada en la energía de torsión?

_____

9. ¿Cuál es la temperatura del núcleo solar?

_____

10. ¿Cómo se llaman las partículas diminutas que conforman todo lo que hay en nuestro planeta?

_____

1. Oxígeno 2. Michael Faraday 3. La pila 4. Hace más de 2 000 años 5. Vitamina D 6. La Luna 7. Alimentos 8. Los antiguos griegos 9. Quince millones de grados centígrados. 10. Átomos

Índice

SEP 09 2013